M.S.O. Méthode Syllabique Orale®

EMILIE N'A PAS PEUR DU VAMPIRE !

Éditions Noldus

© 2023 tous droits réservés

M.S.O. Méthode Syllabique Orale®

ponts phonétiques® sont des marques des Éditions Noldus.

Sur la colline, non loin de ton école, se trouve une vieille maison en ruine. Chaque année, lors de la mystérieuse nuit d'Halloween, elle s'illumine.

Durant la soirée d'Halloween, les enfants se déguisent afin de recevoir des sucreries et des bonbons.

Émilie ramasse des potirons dans le jardin sauvage de la maison abandonnée. Soudain, elle voit de la lumière ! Il doit y avoir quelqu'un.

M.S.O. Méthode Syllabique Orale® Halloween N°1

Émilie, qui hésite encore à se déguiser en sorcière ou en citrouille, est très curieuse.

Elle aimerait vraiment découvrir qui vient chaque année célébrer la fête d'Halloween dans cette vieille maison.

Trois fantômes l'encouragent à avancer.

- Tu ne risques rien... Houuu Houuu, disent les fantômes sympathiques en riant.

M.S.O. Méthode Syllabique Orale®   Halloween N°1

Émilie est très courageuse et surtout très curieuse.

Elle est entrée dans la maison.

La lumière vient de torches qui brûlent.

Émilie n'est pas seule !

C'est Halloween, le soir où les sorcières, les vampires, les monstres se réveillent !

Émilie risque sa vie car dans la cave...

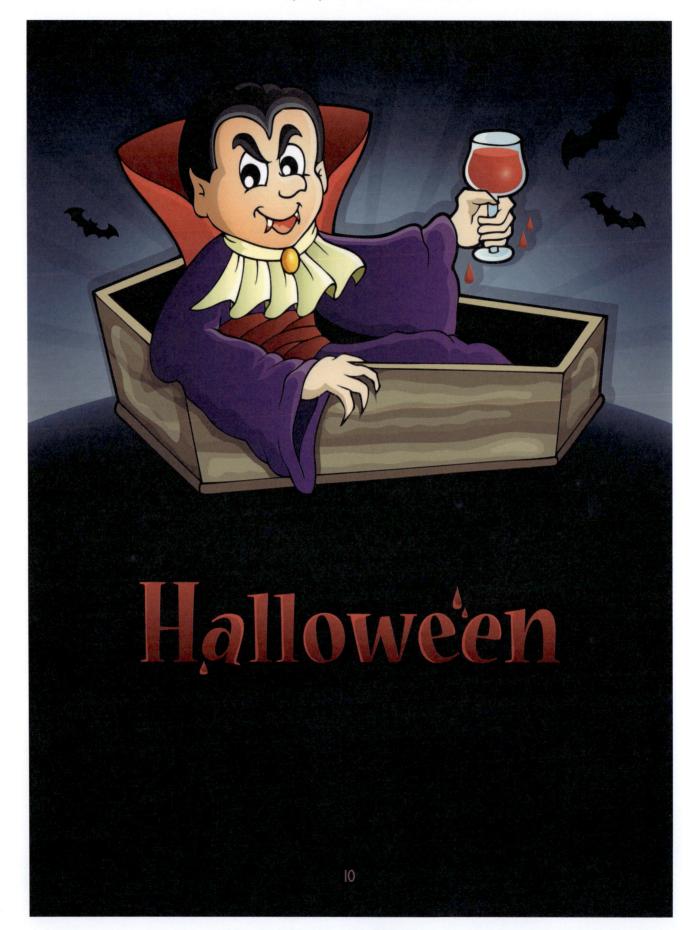

…..dans… la cave… un VAMPIRE assoiffé de sang s'est réveillé.

Il tient à la main un verre rempli d'un liquide rouge.

Serait-ce… du sang ?

La pauvre Émilie… Si elle croise ce vampire, pourrait-il lui prendre tout son sang ?

M.S.O. Méthode Syllabique Orale®   Halloween N°1

Les fantômes ne semblent pas si gentils que cela.

En effet, ils préviennent le vampire qu'une petite fille en bonne santé est entrée dans sa maison.

Que va faire le vampire ?

Émilie devrait-elle s'enfuir ?

Cela fait un an que ce vampire attend la soirée d'Halloween.

Depuis toujours, les vampires sucent le sang

pour se nourrir.

Il a deux grandes dents blanches pour

attaquer Émilie et tout autre enfant qui oserait

franchir les barrières de sa propriété.

Ce sera peut-être le dernier Halloween pour

Émilie !

M.S.O. Méthode Syllabique Orale®   Halloween N°1

Émilie devrait fuir.

Le vampire est parti dans son jardin cueillir un potiron pour y mettre une bougie à l'intérieur.

Elle a encore une chance d'échapper à ce vampire.

Émilie n'est plus là ?

Elle est sauvée et ce vampire ne boira pas son sang.

M.S.O. Méthode Syllabique Orale®   Halloween N°1

Mais c'est Émilie ! Elle a mis une perruque et un déguisement de femme vampire.

Émilie est bien décidée à rencontrer le vampire.

Émilie n'a pas peur car elle sait que les vampires n'existent pas.

Elle retourne dans la cave de la maison pour démasquer le vampire.

Le vampire fait semblant de dormir.

Soudain, il se réveille.

Mais qu'est-ce qu'il cache dans son autre main ?

Est-ce une corde pour attacher Émilie ?

Incroyable !

Ce vampire est le voisin d'Émilie, Pierre.

Il a un sceau de bonbons.

Il y a donc un vampire parmi-nous mais c'est un enfant car les vampires n'existent pas et

Émilie le savait. ... C'est pour cela qu'elle n'a pas eu peur.

ÉDITIONS NOLDUS

© 2023 tous droits réservés - © 2023 - Éditions Noldus

Interdiction de photocopier, de scanner, de photographier ou de reproduire cet ouvrage par quelque moyen que ce soit.

Droits et Licences
Droits d'auteur : Frédéric Luhmer
Images :

Illustration 76458718 © Klara Viskova | Dreamstime.com
Illustration 76831762 © Klara Viskova | Dreamstime.com
Illustration 127442507 © Klara Viskova | Dreamstime.com
Illustration 98986363 © Klara Viskova | Dreamstime.com
Illustration 98193134 © Klara Viskova | Dreamstime.com
Illustration 98130265 © Klara Viskova | Dreamstime.com
Illustration 44592260 © Klara Viskova | Dreamstime.com
Illustration 10192644 © Klara Viskova | Dreamstime.com
Illustration 44592330 © Klara Viskova | Dreamstime.com
Illustration 44486266 © Klara Viskova | Dreamstime.com
Illustration 127783327 © Klara Viskova | Dreamstime.com
Illustration 77477113 © Klara Viskova | Dreamstime.com
Illustration 77289752 © Klara Viskova | Dreamstime.com
Illustration 77124807 © Klara Viskova | Dreamstime.com
Illustration 75997699 © Klara Viskova | Dreamstime.com

Dépôt légal réalisé en Septembre 2023 D/2023/14.252/53

Printed in France by Amazon
Brétigny-sur-Orge, FR